# LA FRANCE

## ET

# L'ANGLETERRE

## D'AUTREFOIS ET D'AUJOURD'HUI

PAR

J.-B. DÉCHALOTTE.



PARIS

IMPRIMERIE ET LIBRAIRIE MILITAIRES DE BLOT,

Rue de Rivoli, 58, près l'Hôtel-de-Ville.

1858.

# PRÉFACE.

Nos réflexions comparatives vont porter sur deux époques bien différentes l'une de l'autre ; la première période, depuis le commencement des hostilités jusqu'en 1815 (23 ans); la seconde période, de cette dernière époque à aujourd'hui (43 ans) : Temps de malheurs et de repos, qui eurent pour résultat heureux d'éclairer de plus en plus les Gouvernements et les peuples, après vingt-trois années consécutives de guerre.

Entre Français et Anglais du jour, les sentiments de cordialité ont pris la place des sentiments hostiles d'autrefois.

Au moyen d'un merveilleux traité d'intérêts généraux, pour dix, quinze ou vingt ans, l'Angleterre et la France ne formeraient plus qu'une seule et même nation.

C'est ce qu'il s'agit de démontrer, et nous allons l'essayer dans le corps de cette brochure

PARIS.—TYPOGRAPHIE MILITAIRE DE **BLOT**, RUE JACQUES DE BROSSE, 10.

# LA FRANCE

ET

# L'ANGLETERRE

D'AUTREFOIS ET D'AUJOURD'HUI.

## PREMIÈRE PARTIE.

Depuis environ quatre mois (fin de juin), une brochure anonyme (1) fit beaucoup de bruit tant dans la capitale qu'à l'étranger, et il ne faut pas cependant la confondre avec une autre publication qui parut en février sous un titre à peu près identique : *l'Empereur Napoléon III et l'Angleterre* ; mais au moins celle-ci, malgré de fâcheux dissentiments, était conçue dans un grand esprit de conciliation et d'alliance sincère entre les deux plus formidables nations du globe, à la suite de l'infernal complot dirigé et mis à exécution contre Leurs Majestés l'Empereur et l'Impératrice, le 14 janvier 1858.

---

(1) Il existe de nouvelles brochures anonymes (c'est la mode à présent) ayant pour titres : Cherbourg—(la paix,—la guerre, etc., etc., et toujours avec l'Angleterre). Peut-être en paraîtra-t-il encore beaucoup d'autres d'ici à quelque temps, car la question et l'anonyme font figure et occupent un peu les esprits. La brochure à laquelle nous faisons allusion est intitulée : *Napoléon III et les Provinces Roumaines.*

Commençons par dire ce qui fut fait avant l'alliance de 1854 :

Un beau matin de l'année 1831, un personnage marquant et du plus haut mérite de notre pays s'étant présenté chez le prince de Talleyrand, ambassadeur de France près Sa Majesté Britannique, il y trouva le vieux diplomate, la physionomie fatiguée par les veilles d'une nuit sans sommeil, et travaillant encore sur une petite table au pied de son lit où il ne s'était pas couché.

Quoique creusés par l'âge, la pensée et l'insomnie, ses traits respiraient néanmoins ce calme, cette sérénité, ce rayonnement intérieur d'un esprit satisfait qui triomphe, ou qui pressent le succès sur de grandes difficultés vaincues.

La grandeur de l'opération semblait en ce moment rajeunir et dignifier l'homme qui l'avait accomplie. « Savez-vous, dit-il au personnage en question, et en lui montrant du doigt les dépêches dépliées sur sa table, savez-vous ce que je fais là?—Oh! non, Prince, répondit le visiteur, je ne le sais pas et je ne dois point le savoir; mais, ce que je sais sans que vous me le disiez, c'est que vous tentez le chef-d'œuvre de la diplomatie moderne.—Oui, assurément, lui répartit à son tour le plénipotentiaire français auprès de la cour d'Angleterre, et de plus j'essaye d'établir la paix universelle en équilibre sur une révolution. » Trois mois après, l'alliance anglaise était préparée; trois ans plus tard, la quadruple alliance était signée à Londres par le prince de Talleyrand, le cabinet de Saint-James et deux autres États contractants (la Belgique et l'Espagne); enfin, bientôt après ce traité de 1834, toutes les puissances de l'Europe avaient désarmé.

Ce sont donc ces pages merveilleuses que de mauvais génies auraient voulu pouvoir déchirer, dès 1840, pour rallumer la guerre en Europe, une guerre générale, sans chercher à comprendre qu'avec cette guerre la France peut-être y eût hasardé et perdu toutes ses libertés conquises et reconquises en 1830 par tant de sacrifices et de sang.

Le vieux diplomate, qui avait négocié et conclu ce traité pour la France, n'y survécut pas longtemps ; il mourut en 1835, et le roi Louis-Philippe vint plusieurs fois le visiter à son lit de mort. Chose curieuse, une clause de son testament, dit-on, porte que tous ses papiers qui étaient déposés en Angleterre, ne seraient ouverts que trente ans après sa mort, c'est-à-dire en 1865 (1). J'ai sous les yeux, sans la moindre omission : d'une part, le Traité définitif de la paix d'Amiens, du 4 germinal an X (25 mars 1802) ; d'autre part, le détestable Traité de 1815, conclu à Paris le 20 novembre, et additionnel au Traité principal de la même date, par suite de l'alliance, dite Sainte, signée à Vienne le 25 mars même année. Je n'en parle que parce que l'on sait combien le prince Talleyrand contribua à la conclusion de l'un et de l'autre, comme ministre et comme plénipotentiaire.

Il est par conséquent utile de rappeler comment M. de Lamartine (2) s'exprimait, en 1840, sur les résultats de la quadruple alliance de 1834 ; s'il y a eu lieu plus tard

---

(1) Bien des fois l'auteur a eu l'occasion de parler à l'ancien ministre de la République, de l'Empereur Napoléon et Chef du gouvernement provisoire de 1814 ; il va dire sur lui la vérité. C'était un homme boiteux et très-difforme quant au physique, mais remarquable par la bienveillance, les distinctions et l'urbanité de toutes ses manières. Toutefois et en attendant 1865, quelles accusations planent sur sa mémoire jusqu'à la publication des documents plus ou moins justificatifs qui manquent certainement à l'histoire contemporaine !

(2) Le visiteur du prince de Talleyrand, à Londres, en 1831.

e jeter au pouvoir le gros mot de couardise, que M. de
amartine n'a probablement jamais proféré, dans tous les
as ce ne sera pas encore dans les paroles suivantes :

« Je l'ai dit dans un des articles contenus dans ce re-
ueil (1), la diplomatie des quatre ou cinq premières an-
ées du Gouvernement de Juillet, est un chef-d'œuvre
'habileté, de ménagement et de sagesse. Elle a compris
a paix et elle l'a fait comprendre. C'est pour cette in-
elligence qu'elle sera honorée et bénie. Elle a plus servi
es idées par ces dix ans de paix maintenue que par dix
ournées d'Austerlitz. Ceux qui vociférent la guerre sont
'un autre siècle. Ce sont des esprits attardés ou impa-
ients, qui placent la volonté du bras de l'homme au-
essus de la toute-puissance de l'esprit humain. Le moindre
oldat comprend la guerre ; c'est l'œuvre brutale. Il fal-
ait un sage pour se dévouer à la paix ; c'était l'héroïsme
le l'intelligence. Un prince négociateur peut être plus
grand qu'un prince conquérant : les traités sont des conquêtes.

« Le chef-d'œuvre de la révolution de Juillet, ce qui la
marque entre toutes les autres aux yeux de l'homme d'État,
c'est de s'être accomplie et régularisée dans la paix. Changer sa forme intérieure, changer sa dynastie, changer sa
constitution politique, changer les tendances de son gouvernement et rester en harmonie avec l'Europe, qui ne connais-
sait que la France de 1815, c'était là le problème le plus
difficile qu'une nation se fût jamais posé à elle-même.
La France l'a résolu, mais avec quel travail ! avec quel
génie ! avec quel patriotisme ! avec quelle consommation
de grands caractères et de grands talents ! »

______________

(1) Intitulé : Question d'Orient.

Certes, on ne pouvait pas trouver alors un plus honnête homme que le célèbre orateur, pour nous faire connaître aussi sincèrement et courageusement que lui la situation générale des affaires ; car son nom inspirait, comme il continue d'inspirer, l'entière confiance et le respect du pays. Au bout de huit ans pourtant, les rôles étaient bien changés ; 1848 ne ressemblait plus à 1840 : Une révolution couvait ; elle éclata le 24 février (1).

Quant à la nouvelle brochure, il faut reconnaître qu'elle est bien écrite et a du mérite, par cela seul que d'immenses documents ont été puisés à des sources plus ou moins exactes et officielles. Toutefois, il serait permis d'en tirer une foule d'inductions, surtout en raison de la concorde heureusement existante avec l'Angleterre, dont l'auteur ne ménage nullement la susceptibilité et les convenances à l'égard de ses hommes d'État, lors même que le Souverain populaire de la France a conclu avec la non moins populaire Souveraine de la Grande-Bretagne, cette admirable alliance, qui a été cimentée en Crimée par les plus grands sacrifices, comme par un sang brave et généreux versé en commun sur des champs de bataille. Où donc veut en venir la personne qui s'interpose d'une manière si considérable dans les relations amicales et avantageuses que l'alliance française et anglaise procure aux deux puissantes nations, du moment où ses commentaires exposent

---

(1) Je l'ai vu de bien près à la Chambre et, dans la nuit du 24 au 25, parmi les membres du Gouvernement provisoire. Le roi étant parti avec sa famille, M. de Lamartine devint le premier dans l'État. Tous les Français lui doivent beaucoup, attendu qu'il les a tirés de l'abîme. Combien de fois sa vie n'a-t-elle pas été en péril sur le champ de bataille de l'Hôtel-de-Ville, jusqu'au 24 juin, qui mit hors de combat douze des braves généraux que nous avions à notre tête, sept morts et cinq blessés, plus une autre victime, l'Archevêque de Paris.

tant de griefs de l'une contre l'autre? C'est conséquemment à l'opinion publique qu'il appartient de les approfondir et d'en faire justice.

Et d'abord, il convient de revoir les conditions du traité diplomatique et de haute politique conclu entre la France et l'Angleterre; et puis, de le remettre textuellement sous les yeux des deux peuples. Ce traité est ainsi conçu :

## PROMULGATION DE LA CONVENTION D'ALLIANCE

### CONCLUE ENTRE

### LA FRANCE ET L'ANGLETERRE.

Paris, le 22 avril 1854.

Une convention d'alliance ayant été signée à Londres, le 10 du présent mois d'avril, entre la France et l'Angleterre, dans le but de soutenir l'Empire Ottoman contre l'agression de l'Empire de Russie ; cette convention ayant été ratifiée par les deux Gouvernements contractants, et les actes de ratification respectifs ayant été échangés le 15 du même mois d'avril, ladite convention, dont la teneur suit, recevra sa pleine et entière exécution :

Leurs Majestés l'Empereur des Français et la Reine du Royaume-Uni de la Grande-Bretagne et d'Irlande, décidées à prêter leur appui à Sa Majesté le Sultan Abdul-Medjid, empereur des Ottomans, dans la guerre qu'Elle soutient contre les agressions de la Russie, et amenées, en outre, malgré leurs efforts sincères et persévérants pour maintenir la paix, à devenir elles-mêmes parties belligérantes dans une guerre qui, sans leur intervention active, eût menacé l'existence de l'équilibre européen et les intérêts de leurs propres États, ont, en conséquence, résolu de conclure une convention destinée à déterminer l'objet de leur alliance, ainsi que les moyens à employer en commun pour le remplir, et nommé à cet effet pour leurs plénipotentiaires :

Sa Majesté l'Empereur des Français, le sieur Alexandre Colonna, comte Walewski, grand-officier de la Légion-d'honneur, etc., etc., son ambassadeur près Sa Majesté Britannique ;

Et Sa Majesté la Reine du Royaume-Uni de la Grande-Bretagne et d'Irlande, le très-honorable George-Guillaume Frédéric, comte de Clarendon, pair du Royaume-Uni, conseiller de Sa Majesté Britannique en son conseil privé, chevalier du très-noble ordre de la Jarretière, etc., etc., principal secrétaire d'État de Sa Majesté Britannique pour les affaires étrangères ;

Lesquels, s'étant réciproquement communiqué leurs pleins pouvoirs, trouvés en bonne et due forme, ont arrêté et signé les articles suivants :

## ARTICLE 1ᵉʳ.

Les hautes parties contractantes s'engagent à faire ce qui dépendra d'elles pour opérer le rétablissement de la paix entre la Russie et la Sublime-Porte, sur des bases solides et durables, et pour garantir l'Europe contre le retour des regrettables complications qui viennent de troubler si malheureusement la paix générale.

## Art. 2.

L'intégrité de l'Empire Ottoman se trouvant violée par l'occupation des provinces de Moldavie et de Valachie, et par d'autres mouvements des troupes russes, Leurs Majestés l'Empereur des Français et la Reine du Royaume-Uni de la Grande-Bretagne et d'Irlande se sont concertées et se concerteront sur les moyens les plus propres à affranchir le territoire du Sultan de l'invasion étrangère, et à atteindre le but spécifié dans l'article 1er. Elles s'engagent, à cet effet, à entretenir, selon les nécessités de la guerre, appréciées d'un commun accord, des forces de terre et de mer suffisantes pour y faire face, et dont des arrangements subséquents détermineront, s'il y a lieu, la qualité, le nombre et la destination.

## Art. 3.

Quelque évènement qui se produise en conséquence de l'exécution de la présente convention, les hautes parties contractantes s'obligent à n'accueillir aucune ouverture ni aucune proposition tendant à la cessation des hostilités, et à n'entrer dans aucun arrangement avec la Cour Impériale de Russie sans en avoir préalablement délibéré en commun.

## Art. 4.

Animées du désir de maintenir l'équilibre européen, et ne poursuivant aucun but intéressé, les hautes parties contractantes renoncent d'avance à retirer aucun avantage particulier des évènements qui pourront se produire.

## Art. 5.

Leurs Majestés l'Empereur des Français et la Reine du Royaume-Uni de la Grande-Bretagne et d'Irlande recevront avec empressement dans leur alliance, pour coopérer au but proposé, celles des autres puissances de l'Europe qui voudraient y entrer.

## Art. 6.

La présente convention sera ratifiée et les ratifications seront échangées à Londres dans l'espace de huit jours.

En foi de quoi les plénipotentiaires respectifs l'ont signée et y ont apposé le sceau de leurs armes.

Fait à Londres, le dix avril l'an de grâce mil huit cent cinquante-quatre.

*Signé :* WALEWSKI ET CLARENDON.

Fait à Paris, le 21 avril 1854.

NAPOLÉON.

Le Garde des sceaux, ministre de la Justice,

*Signé :* ABBATUCCI.

Par l'Empereur :

*Le Ministre des affaires étrangères,*

*Signé :* DROUYN DE L'HUIS.

Ma foi! avouons franchement que nous n'avions encore rien vu de semblable. Il y eut, à la vérité, le traité de quadruple alliance de 1834, dont nous avons commencé par parler, entre la France, l'Angleterre, l'Espagne et la Belgique, traité que notre illustre publiciste, M. de Lamartine, baptisa du nom de : « *Chef-d'œuvre de la diplomatie moderne*; » mais, sous Louis-Philippe, il ne fut jamais question de livrer des batailles à des ennemis quelconques avec des soldats de terre anglais et français—côtes à côtes.

A partir donc de ces jours merveilleux, combien de faits importants de part et d'autre se sont accomplis: les succès et la gloire dans la guerre, la meilleure entente et même la sincère amitié entre les souverains alliés, mais de plus le triomphe par la paix de tous les principes de la civilisation et de l'humanité.

Arrivons droit au fait sur les allégations de la seconde brochure.

Le narrateur a trop de passion, de raideur et de vivacité dans les expressions; et il se sert, envers les hommes qui ont gouverné ou gouvernent l'Autriche et l'Angleterre, de termes tels qu'on est forcé de dire qu'ils ne peuvent sortir des pensées d'un diplomate ou de l'homme d'État. Admettons en passant que les motifs du dénigrement et de la haine soient quelque peu justifiables vis-à-vis du gouvernement autrichien, dont les gouvernants seraient connus par leurs prétentions d'outrecuidance; soit, car à ce sujet, il y a beaucoup de vérités solidement établies contre la conduite et même les actes perfides; mais vis-à-vis du gouvernement et des gouvernants d'une nation avec laquelle l'Empereur Napoléon a conclu une sublime alliance, c'est, selon moi, tout-à-fait déraisonnable, fort injuste et très-impolitique.

L'alliance avec l'Angleterre n'est pas encore rompue, et il faut espérer qu'elle ne le sera pas de sitôt. Quoi qu'il en soit, le langage tenu dans la susdite brochure ne serait nullement susceptible de l'affermir dans ce moment où un abominable attentat et, par suite, quelques petits désaccords, ont pu réveiller un peu d'anciennes antipathies. Néanmoins, cette situation va bientôt disparaître par la force des choses et par le besoin naturel de faire revivre entre les deux nations, les sentiments affectueux malgré toutes les insinuations à des sentiments contraires.

L'auteur de la brochure parle de despotisme et de despotes, et c'est à n'en pas douter du despotisme d'autres souverainetés que celles de l'Angleterre et de la France; or, cette seule épithète ôte toute idée qu'il eût le désir de voir la rupture de l'alliance entre ces deux gouvernements constitutionnels, que l'un se tourne avec l'Autriche et la Prusse, et que l'autre soit avec la Russie en concluant une autre alliance avec elle : ce serait lui faire injure ; telle ne peut être mon intention.

Du reste, sans le vouloir, beaucoup de ses réflexions ne pourraient avoir pour résultat que d'envenimer les questions en suspens, et de ressusciter l'antagonisme et les animosités d'autrefois. C'est précisément ce qu'il faut surtout éviter. Le caractère national et les sentiments d'aujourd'hui sont totalement portés vers les moyens de conciliation et d'avenir chez les deux plus grands peuples civilisés de la terre, et il est à présumer que les progrès de tous genres, qui s'y sont accomplis depuis environ quarante ans, ne donneraient plus les mêmes facilités à des hommes illustres, quels qu'ils fussent, pour dominer arbitrairement par la guerre et leurs volontés. Au surplus, les traités de commerce sont actuellement et partout des conquêtes immenses et de grandes gloires de la paix, qui valent encore mieux que la gloire des plus éclatantes victoires de la guerre.

Tous les journaux se sont accordés dernièrement pour faire remarquer les violentes dissertations renfermées dans quelques pages du nouvel opuscule, et le mérite était bien faible chez celui qui ne voulut pas y reconnaître les inspirations d'un nom auguste. On doit tellement se retrancher dans cette opinion, que l'auteur anonyme donne pour principale solution à son œuvre ce qui suit :

« Cherbourg est prêt, et, de plus, la vapeur a, pour ainsi dire, ponté le détroit. L'Angleterre est donc tenue à être constamment juste envers la France. Elle peut à bon droit se croire moralement invulnérable tant qu'elle se borne à refuser des concessions qui seraient condamnées par l'opinion publique des deux pays ; mais le jour où, dans une question extérieure, la France se sentirait humiliée, rien ne pourrait plus prévenir la lutte. »

Voilà ce qui devait faire cesser toutes les incertitudes, puisque Sa Majesté la reine Victoria avec son époux, le prince Albert, ont été invités dès le mois de juillet *(Moniteur universel* du 10*)*, par LL. MM. l'Empereur et l'Impératrice, à assister à l'inauguration du port de Cherbourg, et s'y sont tous rencontrés le 5 août au matin. Faites-vous donc une simple idée de l'accueil qui a eu lieu et de l'aménité qui existe entre les deux augustes familles.

Il y a quarante-trois ans que l'observateur des allégations historiques que contient la brochure en question est à Paris, et il prie celui qui l'a faite et qu'il ne veut pas contester sans lui tenir grandement compte de tous ses sentiments généreux pour le bonheur des nationalités, il y a quarante-trois ans que, parmi le nombre, ce commentateur a vu dans Paris beaucoup de malheurs publics et d'adversités politiques. C'est pourquoi l'auteur de cette brochure peut être bien persuadé qu'il n'y a ici nulle pensée de froisser sa manière d'envisager les affaires du dehors, et, loin de là, attendu que tout homme de cœur doit admirer le patriotisme qui s'y trouve; mais si l'on doit être de son pays, n'importe duquel, il faut toujours en rester sans jamais déroger aux principes du véritable patriotisme, ni leur préférer des systèmes de politique étrangère, à moins qu'ils ne soient basés et établis sur les grandes considérations d'une alliance solide, durable et civilisatrice. Ainsi, à propos des changements fréquents qui s'opèrent dans certains caractères et qu'on signale à l'attention publique, tâtons-nous chacun le pouls, ou bien frappons un peu notre poitrine avant d'accuser si fortement de tergiversation les autres.

Lorsqu'en 1840 le gouvernement français entra en pourparlers avec le gouvernement britannique, pour que les restes mortels de l'Empereur Napoléon, qui étaient à l'île Sainte-Hélène, lui fussent remis ou restitués, l'adhésion du gouvernement anglais fut on ne peut plus spontanée (1). A cette occasion, les paroles de l'homme d'État dirigeant le *Foreign-Office* (Lord Palmerston), furent celles-ci : « Que l'animosité et la haine qui existaient autrefois entre l'Angleterre et la France seraient désormais ensevelies dans la tombe de l'Empereur. » Cependant, dans le courant de la même

---

(1) De 1831 à 1840, la question d'un traité de commerce entre les deux États fut beaucoup agitée; et la mort du prince de Talleyrand, annoncée en 1835, à la page 7, est peut-être l'un des motifs de sa non-conclusion. Nous verrons bientôt qu'il avait été chargé de négocier ce traité de commerce, même sous le Consulat.

année, la paix générale se trouva gravement compromise et même à la veille d'une épouvantable rupture. En effet, de fâcheuses complications sur la grande question d'Orient étant inopinément survenues dans la Conférence de Londres, entre toutes les puissances, des armements considérables se firent tant en France qu'en Angleterre, ainsi que dans toute l'Europe, de telle manière qu'on n'entendait de tous côtés que le cliquetis des armes. *(Si vis pacem, para bellum.)* — Il est vrai que, puisque ces puissances s'étaient prononcées quatre contre une, toutes contre la France, des choses extraordinaires durent se passer chez elles et chez nous, sous le rapport d'imposantes forces matérielles à y recréer d'urgence comme aux temps des anciennes coalitions; mais l'esprit de concorde émanant de la sagesse du Souverain, de ses conseillers et d'une majorité inébranlable parmi les principaux corps politiques de l'État, ayant prévalu, de concert avec le plus grand nombre des autres États de l'Europe, qui ne voulaient point sortir des voies de la conciliation et dont les idées étaient tout-à-fait semblables, la paix générale, heureusement, fut encore conservée. Ajoutons pourtant que, quoique cette question eut été parfaitement résolue à la satisfaction de tous les peuples, la France se trouva forcée d'avoir un effectif d'armée susceptible d'en imposer continuellement à toutes les agressions subites ou malencontreuses des chancelleries étrangères.

Arrivons au point capital, puisque nous avons parlé de la remise cordiale des cendres de l'Empereur Napoléon par le gouvernement anglais.

Personne n'est plus que nous le partisan et l'admirateur du grand homme, comme premier consul et comme souverain, et nous nous hâtons toujours de nous incliner très-respectueusement devant tant de gloire et devant un tombeau, sous la réserve du reste que tous les faits appartiennent à l'histoire, à l'inflexible histoire qui, en prononçant son jugement, doit établir ses narrations en tous sens avec un aussi juste orgueil qu'avec la plus rigoureuse impartialité. Sans doute, ce sont de dures vérités, mais des vérités irréfragables à préciser et à dire, sans jamais passer en cela pour un détracteur, sans chercher le moins possible à affaiblir son immortelle réputation par de la malveillance ou des dénigrements ; car c'est le devoir de l'honnête homme d'agir de la sorte. Donc, si l'on doit rappeler comment le général en chef Bonaparte s'exprimait le 20 frimaire an VI (10 décembre 1797), devant le Directoire, après la paix de Campo-Formio : « Qu'il fallait donner à la France une constitution fondée sur la raison. » Nous devons aussi rapporter loyalement les mots terribles sortis de sa bouche devant le Conseil des Anciens, dans la seconde journée des 18 et 19 brumaire an VIII ( 9 et 10 novembre 1799 ) : « Souvenez-vous que je marche accompagné du Dieu de la Guerre et du Dieu de la Fortune. » Mais ne convient-il pas également de ne point oublier les belles paroles que le premier consul prononça peu de temps après ces mémorables journées, paroles que voici :

« Washington est mort. Ce grand homme s'est battu contre la tyrannie ; il a consolidé la liberté de sa patrie ; sa renommée sera toujours chère au peuple français, comme à tous les hommes libres des deux mondes, et spécialement aux soldats français qui, comme lui et les soldats américains, se battent pour l'égalité et la liberté.

» En conséquence, le premier consul ordonne que, pendant dix jours, des crêpes noirs seront suspendus à tous les drapeaux et guidons de la République. »

Si nous y voulons bien réfléchir, ne peut-on pas croire qu'il a eu beaucoup à regretter d'avoir trop mis en oubli ce superbe langage? Oh! c'est un peu probable, parce que lui, le héros de la France, ayant tout à sa disposition pour ne pas être seulement de 1800 à 1804 le premier magistrat de la République, comme de 1804 à 1810 (1) l'Empereur des Français et Napoléon le Grand, son suprême génie pouvait encore y ajouter un admirable surnom. Jusqu'en 1810, ce sont en effet ses meilleurs jours, mais les plus beaux sont ceux de 1809, après la bataille de Wagram, puisque ce fut sur tous points l'apogée de sa gloire et celle du peuple français. S'il est vrai que ces mots de la brochure (page 23) ont été prononcés aux jours de malheurs : « Ma plus grande faute après Wagram, c'est mon mariage avec une princesse autrichienne (2). » Conséquemment, point de ce mariage, point de désastres; et le trône ne courait aucun danger, attendu qu'il s'y trouvait pourvu par la dynastie de Louis-Napoléon, roi de Hollande.

Ainsi, en admettant presque avec une entière conviction qu'à ces dernières époques ( 1809 et 1810 ) l'Empereur Napoléon eût fermement le sincère désir de la paix

---

(1) C'est à dessein qu'on ne va pas au-delà pour le moment.

(2) En lisant le testament de l'Empereur, du 15 avril 1821, je rencontre cependant une opinion bien éloignée d'un crève-cœur. L'article 3 est ceci : « J'ai toujours eu à me louer de ma très-chère épouse Marie-Louise. Je lui conserve jusqu'au dernier moment les plus tendres sentiments. Je la prie de veiller pour garantir mon fils des embûches qui environnent encore son enfance. »

D'un autre côté, la lettre datée de Londres, le 23 août 1818, du général Gourgaud à l'Impératrice Marie-Louise, renferme également des passages assez curieux et contradictoires, en ce qui concerne les paroles de Napoléon sur son mariage après Wagram. Ce qu'il y a de bien évident, c'est que l'Impératrice Joséphine fut, de 95 à 1810, l'image vivante de la bonne étoile.

générale, en dictant avec sagesse ses volontés sur une grande partie du continent, il aurait dès lors pu être dans sa patrie et ailleurs quelque chose de plus encore que ce qu'il y était ; mais quoi donc ?

*Le Washington de l'Europe.*

Telle ne fut point son ambition, et cependant si le premier Consul, ou, pour mieux dire, si le puissant Souverain avait cherché à être le Washington de l'Europe ; si, après avoir défendu et étendu le territoire national avec tant d'éclat et de gloire à l'intérieur et à l'extérieur, intimidé la révolution au dedans et la contre-révolution au dehors, il avait réglé, modéré, organisé les institutions libérales et l'avènement d'une honorable démocratie en France ; si, en étouffant l'anarchie, il avait par cela seul relevé au plus haut degré l'esprit général des nationalités pour se faire le tuteur du progrès social, la providence des peuples ; si, après avoir mis en mouvement tous les ressorts d'un gouvernement militaire et tempéré, il s'était effacé lui-même à l'imitation du grand législateur de l'Amérique ; si, enfin, à la suite de ses triomphes, il n'avait plus vu de bonheur que dans l'abnégation et le repos, qui l'eussent conduit à laisser une plus large place aux véritables principes de la liberté, mais entendons-nous bien (sage et honnête liberté), car c'est un sentiment naturel, un droit sacré, que Dieu a voulu donner à l'homme pour qu'il pût en user et la servir dans les justes mesures de ses facultés, de son patriotisme et de sa conscience : qui sait si la gloire du grand capitaine ne serait pas encore plus complète et surtout plus environnée de gratitude que celle que l'histoire lui décerne avec non moins de pompe que de raison, avec non moins de sympathie populaire que d'enthousiasme patriotique? Ah! quelle félicité alors et depuis lors pour sa dynastie et pour la France! Arrêtons-nous là-dessus et disons : L'autre grand homme, qui occupe le trône impérial, fera et sera peut-être un jour ce qu'aurait pu facilement, mais ce que son oncle n'a pas voulu faire et devenir. Déjà tous les différends internationaux ne sont plus solubles ni à Londres ni à Vienne, mais à Paris par le Congrès.

L'éternel monument transmis à la postérité du premier Consul Bonaparte et de l'Empereur Napoléon est, sans contredit, celui de ses travaux et de ses bienfaits, dont la France et les autres nations retirent tous les précieux avantages. Notre devoir étant de rendre hommage à sa mémoire et à la vérité, nous retracerons textuellement tout-à-l'heure, avec addition de quelques omissions de sa part, le tableau d'une des dictées à Sainte-Hélène de l'homme extraordinaire, qui fut pendant près de vingt ans l'arbitre du monde, comme le plus opiniâtre et le plus redoutable ennemi de la puissance des Trois Royaumes Unis. Sous le Consulat et l'Empire, les ressources maritimes créées par l'orgueilleuse Albion, pour chercher à renverser son terrible adversaire par tous les moyens de l'or et des coalitions, furent si considérables, qu'elle avait mis en action toutes les fibres du patriotisme de ses insulaires, riches ou pauvres, qui, dès qu'ils veulent satisfaire les principes absolus de leur nationalité, se tiennent tous par la main; et, malgré cela, l'Angleterre effrayée pouvait succomber à une ruine totale sous le contre-poids du blocus continental et des forces de terre immenses de la France, le plus souvent, sinon toujours, victorieuses, au sein et sur tous les coins de l'Europe. La vapeur n'existait point encore pour la marine. Le pain valait un franc la livre à Londres et partout (cités anglaises proprement dites — Écosse et Irlande). Toutes les côtes d'Angleterre étaient hérissées de canons. Tout Anglais, sans exception, était soldat, vêtu, équipé et armé. Il prêta avec plaisir et empressement, et sans proférer le plus petit mot d'opposition, pour contribuer aux impôts ou taxes de guerre du gouvernement, une obligation qui augmenta la dette consolidée d'une somme de six cents millions de livres sterlings (quinze milliards de francs). Chaque Anglais aurait même dépensé sa dernière *guinée*, son dernier *penny*, pour défendre jusqu'à la mort son pays, sa famille et ses propriétés. Le fameux, l'infatigable William Pitt, premier ministre, donnait l'impulsion à tous les dévouements. Il partait de chez lui et entrait chaque jour à neuf heures précises du matin au *Foreign-Office*, pour en sortir à cinq heures sonnantes et se retrouver le soir dans son intérieur. Pouvant par sa haute position arriver avec rapidité à une fortune colossale, néanmoins ce ministre ne prit mensuellement que le plus strict nécessaire pour les besoins du ménage, et consacra tout le reste aux frais de la guerre. C'est au point que, quand il cessa de vivre (le 23 janvier 1806, à l'âge de 47 ans), sa patrie fit une souscription pour payer diverses dettes et pour subvenir aux frais de ses funérailles (1). Quelle persévérante tenacité pendant vingt ans chez ce ministre, qui fut le Carnot de l'Angleterre (2) !

---

(1) Il fut enseveli à Westminster.

(2) Jamais la France n'a eu d'ennemi plus prononcé, ni un homme plus passionné et imperturbable promoteur de toutes les coalitions européennes contre elle et contre le souverain.

Nous venons de parler de la mort de Pitt, et cependant si cet irréconciliable ennemi eût été un Fox, que de menaçantes et nouvelles vicissitudes auraient pu être épargnées aux deux pays! Fox disait de l'Empereur, après l'avoir tant connu à Paris comme premier Consul: « Il n'est pas seulement dans son pays le plus grand, il est encore le meilleur des hommes. » Mais ne s'exprimait-on pas de la même manière sur le compte de ce grand homme d'État de l'Angleterre? Voyons. Étant, en 1806, le successeur de Pitt au pouvoir, un misérable s'était introduit chez lui et offrit d'assassiner Napoléon. Indigné, Fox le fit saisir et livrer à la police anglaise. Il écrivit sur-le-champ à M. de Talleyrand, ministre des affaires étrangères, pour lui dénoncer cette odieuse proposition. L'Empereur fut profondément touché, et ordonna d'adresser à Fox la réponse qu'il méritait et que voici: « J'ai mis sous les yeux de Sa Majesté la lettre de Votre Excellence. — Je reconnais, s'est-Elle écriée, les principes d'honneur et de vertu qui ont toujours animé M. Fox. Remerciez-le de ma part et dites-lui que, soit que la politique de son Souverain nous fasse rester encore longtemps en guerre, soit qu'une guerre, inutile pour l'humanité, ait un terme aussi rapproché que les deux nations doivent le désirer, je me réjouis du nouveau caractère que, par cette démarche, la guerre a déjà pris et qui est le présage de ce qu'on peut attendre d'un homme qui est l'un des hommes les mieux faits pour sentir en toutes choses ce qui est beau, ce qui est vraiment grand. »—Une autre lettre, en réponse, de Fox à M. de Talleyrand, est ainsi conçue: « Je suis sensible au dernier point, comme je dois l'être, aux expressions obligeantes dont le grand homme que vous servez a fait usage à mon égard. Les regrets sont inutiles , mais s'il pouvait voir du même œil dont je l'envisage la vraie gloire qu'il serait en droit d'acquérir par une paix modérée et juste, que de bonheur n'en résulterait-il pas pour la France et pour l'Europe entière! » —L'Empereur est persuadé, dit M. de Talleyrand dans la dépêche suivante à Fox, « que la rupture de la paix d'Amiens n'est autre que le refus de conclure un traité de commerce. Soyez bien averti que Sa Majesté, sans refuser certains rapprochements commerciaux, s'ils sont possibles, n'admettra aucun traité nuisible à l'industrie française, qu'Elle entend protéger par toutes les taxes ou prohibitions qui pourront en favoriser le développement. Elle demande qu'on ait la liberté de faire chez soi tout ce qu'on veut, tout ce qu'on croit utile, sans qu'une rivale ait le droit de le trouver mauvais. »

Ne perdons pas de vue qu'il fut question, même sous l'Empire, de la conclusion d'un traité de commerce avec la Grande-Bretagne, et que, n'ayant pas été conclu, c'est ce qui causa, de l'aveu de Napoléon, la rupture du traité de paix d'Amiens. Les bases étaient par lui nettement tracées en peu de paroles, et cette haute mesure, renfermée dans la dernière dépêche précitée, va clore notre troisième partie ; or, l'on voudra bien nous excuser d'avoir donné tant d'extension à nos respectueuses pensées sur le gouvernement du Grand Empereur, car c'est de l'Angleterre que partirent jusqu'à la fin toutes les coalitions de l'Europe contre son imposante existence.

Nous sommes aux évènements de 1814 (1) et nous n'en parlons pas, mais un peu de 1815.

---

(1) Si je recours au Bulletin des lois, j'y vois qu'en montant sur le trône, après plus de vingt-un ans d'absence, Louis XVIII termine ses ordonnances

Dans l'hypothèse que l'Empereur, deux fois détrôné dans deux années de suite, devait conserver quelque espérance d'aller s'asseoir la seconde fois au foyer de l'hospitalité britannique, selon les vœux manifestés dans la sentencieuse protestation de 1815, il est fâcheux pour Napoléon, mais pour le gouvernement anglais surtout, qui préféra s'emparer de sa personne en violation de ses droits les plus sacrés (ce sont les propres termes de la protestation), il est fâcheux, disons-nous, de n'avoir pas laissé à ce vaste et généreux caractère, austère et bouillant, la latitude d'observer de près toutes les libertés publiques de la Grande-Bretagne et de terminer tranquillement au milieu d'elles une vie tant agitée. En les étudiant avec une sérieuse attention, cela au moins lui aurait bientôt donné la faculté de reconnaître si son pouvoir dictatorial a eu des torts réels, ou n'a commis que de simples erreurs.

## DEUXIÈME PARTIE.

Revenons sur nos pas pour quelques instants à l'égard de Napoléon, quand, se trouvant à l'île d'Elbe depuis près d'un an seulement (fin d'avril 1814), il s'y embarqua le 26

---

par les mots : « De notre règne le vingtième. » — Laissons les lecteurs juges de cette étrange maxime, pour vouloir rétablir la légitimité par un sophisme. Seulement, cela étonne autant de la part d'un roi aussi éclairé et auteur d'une Charte constitutionnelle, que d'avoir voulu ôter à l'armée et à la nation française le prestige de la cocarde et du drapeau tricolores.

février 1815, avec ses quatre cents vieux soldats, sur le navire l'*Inconstant*, et mouilla le premier mars dans le golfe Juan. Antibes ferma bien ses portes, mais toutes les autres villes ouvrirent avec empressement les leurs. C'est au point que l'enthousiasme fut si grand parmi les populations lui tendant partout les bras ainsi qu'à sa petite armée, qu'il n'y eut aucun moyen de s'opposer à l'invasion de toute la France. On peut même dire avec juste raison que la marche triomphale du grand homme, à partir du jour où il débarqua jusqu'à celui où il arriva sous les murs de Paris, sans effusion de sang, est tout ce qu'il y a de plus prodigieux au monde. Aussi ses paroles prononcées lors du débarquement s'accomplirent-elles à merveille : « La victoire marchera au pas de charge; l'aigle, avec les couleurs nationales, volera de clocher en clocher jusque sur les tours de Notre-Dame. » Or, les Bourbons étant en fuite, l'Empereur fit son entrée dans la capitale le 20 mars et s'occupa immédiatement de réorganiser l'armée, qui était dans le plus mauvais état, sauf l'artillerie et le génie. Les armes seules devaient encore décider de son destin.

Dans les premiers jours du mois de juin, toutes les troupes de l'Empire furent formées en sept corps d'armée, quatre corps d'observation et une autre armée dite de la Vendée (1). Voici la composition et l'emplacement de chacun d'eux :

_________________

(1) Napoléon mit à la tête de ces douze corps d'armée deux maréchaux et seize généraux commandant en chef. Sur ces seize généraux, six furent ultérieurement élevés à la dignité de maréchal de France.

DROUET,

comte d'Erlon.

Le premier de ces corps était à Lille, composé de sept régiments d'infanterie et de trois de cavalerie; en tout quatre divisions d'infanterie et une de cavalerie, soit dix-huit mille fantassins et quinze cents cavaliers sous le commandement de ce général.

Comte REILLE.

Le deuxième corps, composé d'une manière semblable et d'une force à peu près égale au premier ,occupait Valenciennes sous les ordres de ce général.

VANDAMME,

Comte d'Unsbourg.

Le troisième, commandé par ce général, était à Mézières et n'avait que trois divisions d'infanterie et une de cavalerie.

Comte GÉRARD.

Le quatrième, sous les ordres de ce général, était à Metz, garnissait la Moselle et avait la même composition que le troisième, mais un régiment de moins.

Comte RAPP.

Le cinquième, qui était commandé par ce général, se trouvait à Strasbourg et en Alsace, et sa force se composait de trois divisions d'infanterie et d'une de cavalerie.

Comte de LOBAU.

Le sixième avait pour chef ce général et, étant composé de neuf régiments d'infanterie et de trois de cavalerie, occupait Laon.

SUCHET,

Duc d'Albuféra.

Le septième, à Chambéry, sous le commandement de ce maréchal, était formé de deux divisions d'infanterie et d'une de cavalerie, puis de deux divisions de garde nationale du Dauphiné et du Lyonnais.

BRUNE.

Le corps d'observation du Var, commandé par ce maréchal, avait trois régiments d'infanterie et un de cavalerie.

LECOURBE.

Ce général commandait à Belfort un corps d'observation de trois régiments d'infanterie et trois de cavalerie, était soutenu par un grand nombre de bataillons de la garde nationale mobile de la Franche-Comté, devait surveiller Huningue, Bâle et défendre le Jura.

Baron CLAUSEL

et

Comte DECAEN.

Deux autres corps d'observation, l'un à Bordeaux sous le général Clausel, l'autre à Toulouse sous le général Decaen, avaient chacun trois régiments d'infanterie et un de cavalerie dans chacune de ces deux villes, et étaient renforcés par toutes les levées de garde nationale du Languedoc; mais deux de leurs régiments furent détachés et envoyés en Vendée.

L'armée de la Vendée, commandée par ce général, comptait huit

**Baron LAMARQUE.**

régiments d'infanterie de ligne, deux de jeune garde, deux de cavalerie et dix escadrons de gendarmerie, partie à pied, partie à cheval, et formant plus de trois mille gendarmes.

**Comtes PAJOL**

**et**

**EXCELMANS.**

—

**Comte MILHAUD**

**et**

**KELLERMANN**

**(Comte de Valmy).**

La réserve de cavalerie était composée de quatre corps, chacun de deux divisions et chaque division ayant trois régiments, ce qui faisait par corps environ trois mille chevaux : le premier de ces corps, commandé par le général Pajol, était formé de cavalerie légère ; le second corps, sous les ordres du général Excelmans, était composé de dragons ; les troisième et quatrième corps de cavalerie, commandés par les généraux Milhaud et Kellermann fils, étaient en entier de cuirassiers.

**ARTILLERIE DE LIGNE.**

Quant à l'artillerie de tous les régiments, elle se composait dans chaque corps d'une batterie de huit bouches à feu par division d'infanterie, d'une batterie à cheval de six bouches à feu par division de cavalerie, et d'une batterie de réserve de huit pièces de 12 par corps d'armée ; de sorte que toute l'artillerie de la ligne comptait près de sept cents bouches à feu attelées.

<table>
<tr><td>

Garde impériale,
(Infanterie, cavalerie
et artillerie).

</td><td>

Enfin, l'infanterie de la garde impériale ayant été doublée et sa cavalerie triplée (bien entendu de l'effectif qui existait au 20 mars), la force de cette garde était à mi-juin d'environ quinze mille hommes ; et son artillerie, qui avait été licenciée en 1814, ayant reçu une réorganisation, se composait de cent vingt bouches à feu de campagne.

</td></tr>
</table>

Telle était la situation militaire de la France avant l'ouverture des hostilités. Tout l'ensemble devait former une armée de trois cent cinquante mille hommes, dont :

En juin — Infanterie ........  250,000 }
  —     — Cavalerie........   50,000 } (1)
  —     — Artillerie de 600 à 700 bouches à feu.

200 mille pour faire la guerre en rase campagne ;

Et 150 mille dans les places.

Toutes les mesures étaient prises pour une nouvelle levée et l'armement de trois autres cent mille hommes, qui ne deviendraient disponibles qu'en août et septembre.

Le 16 juin, l'effectif de l'armée française en Belgique était de 113,260 hommes et avec les 2,200 pontonniers, etc. (voir d'autre part), de .......  115,460 h. et 350 b. à f.

Les pertes éprouvées, les 16 et 17, à Ligny et aux Quatre-Bras, ayant été de..........  10,940          »

Il restait..........  104,520 h. et 350 b. à f.

---

(1) 150 mille fantassins seulement, bien habillés, équipés et disponibles ; les autres ne pouvaient l'être que dans le courant des mois de juin, juillet et août.

| | | |
|---|---|---|
| *Report*...... | 104,520 h. | et 350 b. à feu. |
| L'effectif de l'armée de l'Empereur avec les maréchaux Ney et Soult (celui-ci major-général), était, le 17 au soir, de......... | 67,100 h. (1) | et 240 b. à f. |
| Celui du maréchal Grouchy de........ | 35,220 h. (2) | et 110 id. |
| Total des combattants, suivant la situation la plus exacte. | 102,320 h. (3) | et 350 b. à f. |
| Plus, équipages de pont, etc., pontonniers, train et ouvriers de toutes sortes d'artillerie............. | 2,200 | » |

Égalité et forces à ou près de Waterloo (le 18).

*Situation de la dernière coalition en vertu des traités de* 1815.

Toute la Belgique et les frontières étaient encombrées de troupes ennemies, dirigées contre la France.

Wellington avait sous ses ordres plus de cent mille hommes (102,500 hommes et 258 canons), y compris les trou-

---

30 mille cavaliers montés, prêts à entrer en campagne; les autres ne l'auraient été successivement que dans les mêmes mois.

| | | | | | |
|---|---|---|---|---|---|
| (1) Infanterie | 48,260 — | Cavalerie 14,160 — | Artillerie 4,680. | 67,100 hom. |
| (2) Id. | 28,520 — | id. 4,870 — | id. 1,830. | 35,220 id. |
| (3) | | | | 102,320 hom. |

pes hollando-belges, de Nassau et de Brunswick, c'est-à-dire, infanterie, 79,400, — Cavalerie 15,600, — Artillerie et génie 7,500 hommes.

Blücher en commandait cent vingt mille et avait à peu près autant de canons que Wellington, en y comprenant diverses troupes des maisons de Saxe ; et les quatre-vingt mille qui manquaient pour compléter les deux contingents, étaient attendus pour le mois de juillet. En les attendant, il avait déjà sous la main une force de 102,000 hommes d'infanterie et 18,000 de cavalerie.

L'armée autrichienne n'en avait qu'une quarantaine de mille le long du Rhin et en avant des lignes de la Keich, et c'étaient pour la plupart des troupes de la Confédération; Mais toutes les troupes réelles de l'Autriche se trouvaient en marche pour arriver sur le Rhin, et pour pénétrer en France par le mont Cénis et le Simplon.

Les armées russes étaient encore loin des frontières françaises ; elles y venaient pourtant à marches forcées au nombre de cent mille hommes.

Ainsi, dans le courant de juillet, la France allait être attaquée par six cent mille ennemis.

Néanmoins, à partir de juin, il n'y avait que les deux armées des maréchaux Wellington et Blücher qui fussent en mesure de se battre. Or, après avoir garni les places fortes, des troupes nécessaires pour les défendre, leur armée combinée présentait encore une force de deux cent mille soldats contre les cent quinze mille de la France.

Comme nous sommes à Waterloo et qu'à la page 32 on voit, déduction faite des pertes, ce qui restait d'effectif aux deux armées françaises (Napoléon et Grouchy) près de ce champ de bataille, il convient également de faire connaître les pertes de l'ennemi à Ligny et aux Quatre-Bras. Ainsi, les armées de Wellington et de Blücher s'élevant à 200 mille hommes (1) (page 33), après que 20 à 22 mille avaient été désignés pour le service des places fortes (même page) et la perte ayant été de 33 mille, leur effectif se trouvait réduit à 167 mille sur le même champ de bataille. C'est donc de 60 à 63 mille hommes de plus que l'effectif de l'armée française. Ajoutons à une aussi grande disproportion jointe aux incertitudes et à l'immobilité du maréchal Grouchy, et d'où il ne voulut sortir malgré les conseils et les sollicitations des trois braves généraux (2) (Gérard, Excelmans et Pajol); ajoutons-y de plus le mouvement de l'armée du général Bulow sans nul mouvement de l'armée du maréchal sur Waterloo (3); et ajoutons, en outre, 30,000 sabres de cavalerie (anglaise, hanovrienne, hollandaise, brunswickoise et prussienne), tandis que toute la cavalerie française n'était que de 19,030 sabres, dont :

14,160 sous Napoléon et à Waterloo ;

Et 4,870 sous Grouchy, mais qui devinrent inutiles.

En résumé, les troupes alliées de toutes armes ont été constamment sur tout ce qui vient d'être dit au nombre de deux contre un, quoique, sous l'Empereur Napoléon, ce ne fut jamais trop pour les Français jusqu'au 18 juin 1815.

Rapportons avec douleur un épisode saisissant de bravoure et d'effroi, et notre désastre dans cette dernière coalition.

---

(1) Nous mettrons ici des chiffres ronds en négligeant les fractions.

(2) Le maréchal leur montra ses instructions et parla de sa responsabilité.

(3) Les conseils des généraux français au maréchal Grouchy étaient très-bons et salutaires, puisque le général prussien Bulow n'hésita pas, lui, à marcher droit à la canonnade.

Le 16 juin, à la bataille de Ligny, nos soldats battirent les Prussiens à plates coutures ; mais la journée du 18 (Waterloo), l'armée française contre toute l'armée anglo-prussienne, en est une de deuil des plus fatales pour le Souverain et pour la France. Une circonstance fut très-funeste dans cette campagne : Le général de division comte de Bourmont déserta et passa à l'ennemi, le 14, avec un colonel et un chef d'escadron. Leurs révélations et renseignements de tous genres ne purent donc que lui être de la plus haute importance contre nous, puisque Napoléon se trouva forcé de faire promptement d'autres dispositions. Il y eut le 18 un carnage épouvantable, et du côté des Français chaque soldat brava tous les périls. Jamais même on ne vit chez eux un dévouement plus belliqueux ni plus de prodiges de valeur. Leur impétuosité et leur audace se multiplièrent sans cesse ; mais ils furent instantanément accablés par des masses énormes. Toutes les forces ennemies ne vomissaient plus sur eux que la mitraille et la mort ; et c'est dans ce moment que l'Empereur l'affronta comme un soldat. Ne pouvant pas trouver cette mort avec les braves qui restèrent sur le champ de bataille ; ah ! elle ne voulut point encore de lui : Napoléon s'éloigna de ce théâtre de destruction. On n'apercevait plus qu'un héroïque désespoir, et la plus affreuse confusion d'un malheureux sauve-qui-peut (1), puis hélas!......................(2).

---

(1) Il y avait sans doute dans l'armée française d'autres traîtres que ceux qui venaient de passer dans les rangs de l'ennemi.

(2) Après tous les évènements, nos meilleures situations portent que les Français perdirent, en personnel (16, 17 et 18 juin), 36,940 hommes, y compris 7,008 prisonniers, mais sans compter les blessés qui restèrent au pouvoir de l'ennemi ; et l'état produit par les alliés de leurs pertes, aux même jours, s'élève à 58,006 hommes.

Dans cette sanglante journée de Waterloo, l'armée avait appris avec les plus vifs transports de joie qu'un frère de l'Empereur, le prince Jérôme, commandant une division de 6,000 hommes (la 6ᶜ du corps d'armée de Reille), ayant ouvert à onze heures la canonnade, s'empara deux fois en personne des bois et vergers de Hougoumont. Au milieu de ce bois était un château crénelé, défendu par les meilleures troupes anglaises (division des gardes du lieutenant-général Cooke). — L'ennemi attachait le plus grand prix à l'occupation d'un tel poste, puisqu'il envoya de nouvelles forces pour le soutenir, et qu'alors la division Jérôme dut également être soutenue par celle du général comte Foy, qui y reçut une balle à l'épaule (Sa vie militaire —1826). Néanmoins, le château fut brûlé et entièrement détruit par l'artillerie française, et les deux généraux se rendirent maîtres de la formidable position ainsi que du champ de bataille, jonché de morts; mourants et blessés des gardes anglaises. Si tout avait tourné ou réussi comme là, quel changement dans l'état des choses, malgré l'arrivée prochaine des Russes et des Autrichiens! S. A. I. est maréchal de France depuis 1850, le sixième sur sept des généraux de 1815 devenus maréchaux; et, de ces sept, deux seuls existent : le maréchal Reille et le prince Jérôme.

Le 3 juillet, Paris capitula une seconde fois (1), et l'Empereur ne dut bientôt plus avoir d'autre alternative que celle de se résigner à l'infortune d'un second exil. Avant cela pourtant, il réclama avec confiance l'hospitalité du vaisseau anglais le *Bellérophon*, et, s'il devint le captif de Sainte-Hélène, ce ne fut qu'après avoir écrit la lettre suivante au prince-régent d'Angleterre :

---

(1) J'en ai déjà inséré les dix-huit articles dans un recueil.

« Altesse Royale, en butte aux factions qui divisent mon pays, et à l'inimitié des plus grandes puissances de l'Europe, j'ai terminé ma carrière politique, et je viens, comme Thémistocle, m'asseoir au foyer du peuple britannique. Je me mets sous la protection de ses lois, que je réclame de Votre Altesse Royale, comme du plus puissant, du plus constant et du plus généreux de mes ennemis. »

Nonobstant cette loyale démarche, le *Bellérophon* fut remplacé par le *Northumberland*, qui se dirigea sur l'île Sainte-Hélène, où il arriva le 17 octobre et où l'infâme Hudson-Lowe exerça pendant près de six années d'angoisses et de supplices une conduite odieuse et barbare envers le grand génie du siècle, par toutes sortes d'indignes procédés que la plume se refuse à décrire et qu'elle ne saurait trop flétrir. C'est donc une tache ineffaçable sur le compte des Ministres d'alors de la Grande-Bretagne.

Dans un ouvrage ultérieur plus étendu, nous donnerons trois documents, à savoir : La protestation de Napoléon, du 4 août 1815 ; ensuite, l'attestation délivrée le même jour à M. le général Gourgaud, son aide-de-camp, par M. le capitaine Maitland, commandant du vaisseau le *Bellérophon* ; et, pour complément, le Manifeste testamentaire de l'Empereur à son lit de mort et où il dit ces mots : « Je lègue l'opprobre de ma mort à la maison régnante d'Angleterre. »

L'illustre et malheureux prisonnier rendit le dernier soupir à Longwood, le 4 mai 1821. Son testament renferme la phrase qui suit : « Je désire que mes cendres reposent sur les bords de la Seine, au milieu de ce peuple français que j'ai tant aimé. » Ses dépouilles mortelles sont sous le dôme des Invalides depuis le 15 décembre 1840 ; mais, que personne n'oublie jamais qu'il fut plus de vingt ans consécutifs le vainqueur de l'Europe, et qu'à cette heure même l'Europe entière, remplie d'admiration, s'incline pieusement devant les statues et le tombeau du plus grand capitaine des temps modernes.

## TROISIÈME PARTIE ET CONCLUSIONS.

En parlant de ses calomniateurs, l'Empereur s'exprima à Sainte-Hélène de la manière suivante : « Après tout, ils auront beau retrancher, supprimer, mutiler, il leur sera bien difficile de retrancher tout-à-fait. Un historien français sera pourtant.bien obligé d'aborder l'empire ; et, s'il a du cœur, il faudra bien qu'il me restitue quelque chose, qu'il me fasse ma part ; et sa tâche sera aisée, car les faits parlent : ils brillent comme le soleil. »

Cet historien, n'est-il pas M. Thiers? Quoi qu'on en dise, nous pensons qu'il ne voudra pas arrêter son histoire du Consulat et de l'Empire à 1814 seulement, mais qu'il la continuera avec raison jusqu'au-delà du nécrologe déchirant de Waterloo ; car le titre d'Empereur a été parfaitement reconnu par la France entière pendant les cent jours de 1815, tout comme auparavant, et comme elle le prononça après dans son exil, jusqu'à sa mort, tout comme jusqu'en 1830 il resta constamment attaché à sa mémoire malgré les plus inqualifiables tracasseries, et tout comme il y restera pour toujours devant un sépulcre où ce titre est inscrit par tant d'actes impérissables.

Voici l'une de ses dictées à l'île de Sainte-Hélène pour les trésors dont il dota la France et l'Europe :

1° Le beau bassin d'Anvers, celui de Flessingue, capables de contenir les plus nombreuses escadres et les préserver des glaces de la mer; les ouvrages hydrauliques de Dunkerque, du Havre, de Nice; le gigantesque bassin de Cherbourg (1), les ouvrages maritimes de Venise, les belles routes d'Anvers à Amsterdam, de Mayence à Metz et de Bordeaux à Bayonne; les passages du Simplon, du mont Cénis, du mont Genèvre et de la Corniche, qui ouvrent les Alpes dans quatre directions (dans cela seul vous trouveriez plus de 800 millions de francs), passages qui surpassent en hardiesse, en grandeur et en efforts de l'art tous les travaux des Romains !

2° Les routes des Pyrénées aux Alpes, de Parme à la Spezzia et de Savone en Piémont.

3° Les ponts d'Iéna, d'Austerlitz, des Arts, de Sèvres, de Tours, de Roanne, de Lyon, de Turin, de l'Isère, de la Durance, de Bordeaux, de Rouen, etc.

4° Le canal qui joint le Rhin au Rhône par le Doubs, unissant les mers de Hollande avec la Méditerranée; celui qui unit l'Escaut à la Somme, joignant Amsterdam à Paris; celui qui joint la Rance à la Vilaine; le canal d'Arles, celui de Pavie et celui du Rhin.

5° Le dessèchement des marais de Bourgoing, du Cotentin et de Rochefort.

6° Le rétablissement de la plupart des églises démolies pendant la révolution, l'élévation de nouvelles et la construction d'un grand nombre d'établissements d'industrie pour l'extirpation de la mendicité.

7° La construction du Louvre, des Greniers publics, de la Banque de France, des Abattoirs, du canal de l'Ourcq et la distribution de ses eaux dans la ville de Paris.

8° Les nombreux égouts, les quais, les embellissements et les monuments de cette grande capitale.

9° Les travaux pour l'embellissement de Rome, le rétablissement des manufactures de Lyon, la création de plusieurs centaines de manufactures de coton, de filature et de tissage, qui emploient plusieurs millions d'ouvriers.

10° Des fonds accumulés pour créer plus de quatre cents manufactures de sucre de betterave pour la consommation d'une partie de la France, qui auraient fourni du sucre au même prix que celui des Indes, si elles eussent continué d'être encouragées seulement encore quatre ans.

11° La substitution du pastel à l'indigo, qu'on fût venu à bout de se procurer

---

(1) L'inauguration du port vient d'avoir lieu par Sa Majesté l'Empereur des Français en présence de Sa Majesté la Reine d'Angleterre.

en France à la même perfection et à aussi bon marché que cette produc-
tion des colonies.

12° Le nombre des manufactures pour toute espèce d'objets d'art, etc., etc.

13° Cinquante millions de francs employés à réparer et à embellir les palais de
la Couronne.

14° Soixante millions de francs d'ameublements placés dans les palais de la
Couronne, en France, en Hollande, à Turin et à Rome.

15° Soixante millions de francs de diamants de la Couronne, tous achetés avec
l'argent de Napoléon ; le régent même, le seul qui restât des anciens diamants de la Couronne de France, ayant été retiré par lui des mains des
Juifs de Berlin, auxquels il avait été engagé pour trois millions de francs.

16° Le Musée Napoléon, estimé à plus de quatre cent millions de francs, et
ne contenant que des objets légitimement acquis ou par l'argent, ou par
des conditions de traités de paix connus de tout le monde, en vertu des-
quels ces chefs-d'œuvre furent donnés en commutation de cessions de territoire ou de contributions.

17° Plusieurs millions de francs amassés pour l'encouragement de l'agricul-
ture, qui est l'intérêt premier de la France.

18° Enfin, l'institution des courses de chevaux, et l'introduction des mérinos,
etc., etc.

« Voilà ce qui forme un trésor de plusieurs milliards, qui durera des siècles ! Voilà les monuments qui confondront la calomnie !! L'histoire dira que tout cela fut accompli au milieu de guerres continuelles, sans aucun emprunt, et même lorsque la dette publique diminuait tous les jours, et qu'on avait allégé les taxes de 50 millions de francs. Des sommes très-considérables demeuraient encore dans son trésor particulier ; elles lui étaient conservées par le traité de Fontainebleau, comme résultant des épargnes de sa liste civile et de ses autres revenus privés ; elles furent partagées, et n'allèrent pas entièrement dans le Trésor public ni dans celui de la France !!! »

Nous l'annonçons plus haut (page 22), l'Empereur aurait dû ajouter les superbes monuments élevés par lui à la gloire des armées françaises et de notre belliqueuse nation, par exemple :

La colonne de la place Vendôme, celle de Boulogne et

l'arc de triomphe du Carrousel. Ce que nous contemplons tant dans les belles institutions militaires et civiles, comme la Légion-d'honneur, le Conseil d'État, la réédification du Maréchalat, et, surtout, le Code Napoléon, que nous appelons le monument européen de nos lois et qui assure à son auteur des droits éternels à la reconnaissance nationale·; Toutes les admirables créations de la Banque de France, de la Caisse d'amortissement et de la Cour des Comptes, le Système décimal, la Centralisation, une nouvelle organisation de l'École Polytechnique, ainsi que l'institution de l'École spéciale militaire de Saint-Cyr, le décret portant l'exposition des produits manufacturiers et industriels de la France, puis la réorganisation complète des grandes Administrations du pays conçues sous les dénominations actuelles; beaucoup de millions de francs en or et en argent, envoyés de l'armée d'Italie à la République française lors des moments de détresse. Mais la chose infiniment appréciable et appréciée est celle-ci : L'égalité devant la loi pour toutes les classes de la Société française.

Nota. — *Monuments achevés depuis vingt-cinq ans seulement.*

| De l'empire à 1850, les fondations, et trente pieds environ au-dessus du sol. | L'Arc de Triomphe de l'Étoile; | | Sous Louis-Philippe. |
|---|---|---|---|
| | La Madeleine | qui devait être le temple de la gloire. | |
| | Le Conseil d'État. | | |

La rue de Rivoli et le Louvre. — Sous Louis-Napoléon.

Dans mes investigations, ayant trouvé, lu et relu beaucoup de documents très-injurieux envers la mémoire de l'Empereur Napoléon, tout semble témoigner que la prochaine publication des 17e et 18e volumes de M. Thiers aura un retentissement peu agréable, s'ils contiennent tous les plus marquants qui parurent en 1814. J'aime mieux que l'illustre historien remplisse cette tâche que de la remplir moi-même. Cependant nous devons supposer que M. Thiers supprimera les injures, et qu'alors ses lecteurs et le peuple lui en tiendront bon compte. Au surplus, nous nous proposons d'examiner avec attention l'ensemble et la clôture de son œuvre sur le Consulat et l'Empire ; et nous rechercherons s'il n'est pas allé un peu trop loin sur la conduite et les actes du maître, dans des moments si difficiles, si critiques, que cette seule considération exigeait peut-être, pour la dernière période surtout, un jugement moins sévère de sa part.

On demande actuellement la permission d'émettre un avis plus ou moins important au sujet des relations amicales qui existent entre la France et l'Angleterre ; et ce sera pour que non-seulement ces relations soient, à l'avenir, plus solidement établies, mais encore pour qu'elles ne soient plus soumises aux caprices de quelques ministres étrangers, à vieux préjugés, imprudents, maladroits ou téméraires. Cet avis va se trouver dans le principe suivant, qui n'est que la conséquence toute naturelle du principe d'une sage politique. Que si, d'abord, la cause certaine de voir aujourd'hui presque tous les peuples jouir des précieux bienfaits de la paix générale par la continuation de bonne intelligence entre l'Angleterre et la France, qui tiennent dans leurs mains le sceptre du monde, consiste dans les preuves irrécusables que ces deux puissantes nations restent maîtresses de la tranquillité de l'Europe, il est en outre constant que le meilleur moyen de conserver longtemps cette situation favorable, serait qu'elles se concertassent le plus tôt possible pour négocier et conclure un vaste traité de commerce qui, désormais, peut seul assurer l'entente cordiale et la grande prospérité de l'une comme de l'autre.

Tous les esprits graves, sérieux et expérimentés sont partout surpris et inquiets, en voyant deux gouvernements constitutionnels, l'un ayant passé quatorze ans jusqu'en 1848, avec le traité de quadruple alliance de 1834, l'autre, plus de quatre années depuis l'admirable alliance de 1854, sans être parvenus à placer au sommet de leurs glorieux édifices le drapeau pacificateur de la civilisation, du commerce et de l'industrie.

Cependant, rien ne saurait être plus facile ; car l'amour d'une paix réciproquement honorable en raison de ses résultats avantageux, mis en présence des horreurs de la guerre, doit faire surmonter tous les obstacles, inséparables du reste de l'immense négociation dont il s'agit et qu'il est bien essentiel, sinon urgent, d'entamer.

Toutes les questions sur lesquelles on n'a pas encore pu s'entendre jusqu'à ce jour y seraient nécessairement débattues, aplanies et résolues à la satisfaction des deux parties contractantes. S'il y a eu des difficultés sous le premier Empire et sous la royauté de Louis-Philippe, espérons qu'il n'y en aurait point d'insurmontables entre les gouvernements de Leurs Majestés la Reine Victoria et l'Empereur Napoléon.

# CONCLUSIONS.

Un journal anglais, qui se nomme le *Times*, dirige assez souvent des attaques très-déplacées contre le Souverain de la France, dont toute l'Angleterre reconnaît le caractère, la sagesse et le puissant génie. C'est d'autant plus inconvenant et injuste de la part de ce journal, qu'il est presque le seul de la presse anglaise d'une couleur aussi discordante dans son propre pays; tandis que la presse française est généralement animée de la plus soigneuse courtoisie vis-à-vis de la nation anglaise, comme du plus profond respect envers sa gracieuse Souveraine.

Ce sont pourtant deux grandes nations qui ne doivent nullement s'offenser l'une l'autre, parceque, nous le répétons et avec conviction, la France et l'Angleterre d'aujourd'hui ne sont plus la France et l'Angleterre d'autrefois.

Les hommes d'État de ces deux pays voisins et sincèrement unis, non plus, ne doivent nullement être offensés ni leurs souverains, jamais, par qui que ce soit.

Quant aux souverains des deux peuples les plus formidables du monde, nous les voyons également si étroitement alliés dans la paix, qu'on peut dire que, tant qu'ils continueront à l'être de la même manière, ce sera pour longtemps dans l'intérêt de la pacification générale de l'Europe.

Envisagez cette alliance dans ce qui vient de se passer à Cherbourg et voyez pour cela les numéros du *Moniteur Universel* des 6, 7 et 8 août 1858.

Au diner donné, le 5, à Sa Majesté Britannique, l'Empereur Napoléon prononça le toast qui suit :

« Je bois à la santé de Sa Majesté la Reine d'Angleterre, à celle du Prince qui partage son trône, et à la famille royale. En portant ce toast, en leur présence, à bord du vaisseau amiral français (*la Bretagne*), dans le port de Cherbourg, je suis heureux de montrer les sentiments qui nous animent envers eux. En effet, les faits parlent d'eux-mêmes, et ils prouvent que les passions hostiles, aidées par quelques incidents malheureux, n'ont pu altérer ni l'amitié qui existe entre les deux couronnes, ni le désir des deux peuples de rester en paix. Aussi ai-je le ferme espoir que, si l'on voulait réveiller les rancunes et les passions d'une autre époque, elles viendraient échouer devant le bon sens public, comme les vagues se brisent devant la digue qui protége en ce moment contre la violence de la mer les Escadres des deux empires. »

Le prince Albert a répondu par le discours suivant :

« Sire, la Reine désire que j'exprime à Votre Majesté combien elle est sensible à la nouvelle preuve d'amitié que vous venez de lui donner, en lui portant un toast, et en prononçant des paroles qui lui resteront chères à jamais. Votre Majesté connaît les sentiments d'amitié qu'Elle vous porte, à vous, Sire, et à l'Impératrice, et je n'ai pas besoin de vous les rappeler. Vous savez également que la bonne entente entre nos deux pays est l'objet constant de ses désirs comme elle l'est des vôtres. La Reine est donc doublement heureuse d'avoir l'occasion, par sa présence ici en ce moment, de s'allier à vous, Sire, en tâchant de resserrer, autant que possible, les liens d'amitié entre nos deux nations. Cette amitié est la base de leur prospérité mutuelle, et la bénédiction du ciel ne lui manquera pas.

» La Reine porte la santé de l'Empereur et de l'Impératrice. »

La plupart des grands noms qui étaient là, et qui ont assisté à un tel spectacle, se trouvent être ceux de familles héritières d'anciens ennemis sur les champs de bataille ou ailleurs. Ah! si l'Empereur Napoléon, de 1804 à 1815, existait encore dans ce moment (il aurait 89 ans) ; s'il avait pu voir, dans la première quinzaine d'août, les fils, petits-fils et neveux de ces deux terribles ennemis, pèle-mêle et amis sous le règne de son neveu lui-même ! Les uns fêter sa naissance, comme jadis, mais en ayant sur leurs poitrines françaises les décorations de l'ordre du Bain ou la médaille de Crimée avec le portrait de la Reine d'Angleterre ; les autres, malgré Sainte-Hélène, portant sur des poitrines anglaises, sinon la décoration de la Légion-d'honneur, instituée par le héros de la France, du moins la médaille militaire. Et ce héros ne dirait-il pas ? Il y a réparation tardive à ma mémoire, c'est vrai, mais enfin il y a réparation pour toutes les souffrances que j'ai endurées jusqu'à la mort !

Quelles sont maintenant les conséquences à tirer sur tout ce qui précède ? Le voici :

*Premièrement.* — Que les dernières guerres entre les deux grands peuples ayant duré vingt-trois ans consécutifs, ils savent tout ce qu'elles leur ont coûté, et n'en veulent plus que pour faire respecter dans le monde toutes les conditions du droit et de l'honneur national.

*Secondement.* — Que la haute et sublime politique de LL. MM. l'Empereur Napoléon et de la Reine Victoria, alliés sincèrement et à la tête des deux plus fortes nations de l'univers, conserveront pour longtemps cette précieuse alliance, qui fait leur bonheur et leur gloire, comme elle est la sauvegarde de la civilisation, de l'humanité et des richesses publiques.

*Troisièmement.* — Que, par toutes ces considérations, les puissances du Nord seront toujours forcées de se croiser les bras, de saluer ce qu'elles croyaient impossible, et de ne plus songer à un Waterloo diplomatique, ainsi que paraît l'appréhender, à sa date du 18 ( jour du désastre ), la fin de la brochure de juin 1858.

*Quatrièmement.* — Enfin, que, puisqu'il existe la convention d'alliance du 22 avril 1854, offensive et défensive entre les gouvernements français et anglais, n'est-il pas à désirer qu'une autre grande affaire soit négociée et conclue amicalement par eux, c'est-à-dire un vaste traité de commerce, seul capable de cimenter cette alliance, en empêchant désormais le retour des anciennes rivalités et de la guerre? Car, si les considérants ou articles de cet important traité devenaient susceptibles d'être élaborés et d'arriver à terme, avec sanction et ratification, toutes les questions accessoires qu'il n'a pas encore été possible aux diplomaties des deux gouvernements de résoudre jusqu'à présent, se trouveraient, sans le moindre doute, avoir été entièrement résolues avec la question principale.

Tel est le but de notre petit travail et telle est la proposition que nous avons l'honneur de soumettre à l'examen et au jugement de qui de droit.

FIN.

www.ingramcontent.com/pod-product-compliance
Lightning Source LLC
Chambersburg PA
CBHW061330060726
47596CB00003B/1173